Inhaltsverzeichnis

Vorbemerkungen (1)

Zum Lesen allgemein, Tipps und Tricks

Viele Kinder – und auch Erwachsene – können sich Texte nur mit großer Anstrengung oder gar nicht erschließen. Die IGLU-Studie 2023 hat dies eindrucksvoll gezeigt. Lesen ist aber nicht nur der Schlüssel zu Bildung, sondern ermöglicht auch eine gleichberechtigte Teilhabe am Alltag. Wer nicht lesen kann, kann zum Beispiel keine Straßenschilder entziffern oder nicht so einfach Bus fahren, weil der Fahrplan nicht entschlüsselt werden kann. Selbst das Unterschreiben von Dokumenten kann nicht oder nicht adäquat erfolgen, weil der dazugehörige Text nicht gelesen werden kann. Und nicht zuletzt entfällt die gesamte Welt an Comics, Romanen und Krimis, die den Blickwinkel erweitern und die Fantasie anregen – und auch die Fähigkeit des Entschlüsselns informativer Texte und damit die Möglichkeit, sich Wissen anzueignen.

Gerade lebensnahe, spannende und auf die Lebenswelten von Kindern zugeschnittene Texte sind der Grundstein für den Erwerb von Lesekompetenzen. Es gibt also Gründe genug, solche Texte Einzug in den Unterricht finden zu lassen! Im Zuge der IGLU-Studie soll Leseförderung nun fächerübergreifend fest im Unterricht verankert werden. Drei- bis fünfmal pro Woche sollen die Schüler*innen je 20 Minuten lang lesen – unabhängig vom Deutschunterricht. Dies stärkt nachweislich das flüssige Lesen, die Dekodierfähigkeit von Wörtern und das Leseverständnis.

Das vorliegende Material enthält Sachtexte rund um die Jahreszeiten und ist auf die Lebenswelt der Kinder ausgelegt. So wird neben der Lesefähigkeit auch das Sachwissen erweitert und gestärkt.

Die Sachtexte können an aktuelle Unterrichtsthemen angeknüpft werden und verbinden so die Leseförderung mit dem Lehrplan im Bereich Sachunterricht. Lautlesen im Tandem oder im Klassenverband als chorisches Lesen kann in Abstimmung mit dem Deutschunterricht auch im Sachunterricht als Teil der regelmäßigen Leseförderung (zum Beispiel dreimal 20 Minuten pro Woche) umgesetzt werden.

Die Sachtexte sind mit der Anzahl der Wörter beschriftet und eignen sich vor allem für die 2. bis 4. Klasse. Das Material eignet sich ebenso für DaZ-Kinder sowie Kinder mit LRS.

Ermittlung der Lesegeschwindigkeit und -genauigkeit

Eine gute Vorbereitung der Leseförderung seitens der Lehrkraft ist besonders wichtig. Diese sollte zunächst die **Lesegeschwindigkeit und -genauigkeit der Schüler*innen ermitteln.** Dazu kann sie die Schüler*innen bspw. eine Minute lang den jeweils gleichen Text lesen lassen und markiert sich dabei alle falsch oder holperig gelesenen Wörter. Anhand dessen teilt sie die Klasse in zwei Gruppen ein: Die erste Gruppe setzt sich aus den schnellsten und besten Leser*innen bis zum oberen Mittelfeld zusammen und die zweite Gruppe aus dem unteren Mittelfeld bis zu den schwächsten Leser*innen. Anhand dieser Einteilung können die Schülerpaare für die im Anschluss vorgestellten Methoden zusammengestellt werden.

Vorbemerkungen (2)

Tandemlesen

Beim **Tandemlesen** finden sich immer zwei Schüler*innen zusammen. Sie bestehen aus **einem stärkeren und einem schwächeren Leser,** die „Trainer“ und „Sportler“ sind. Es bietet sich an, aus den beiden Gruppen jeweils die Kinder mit den besten Lesefähigkeiten zu kombinieren, dann die etwas schwächeren und so weiter. So ist das Leistungsgefälle zwischen den Schüler*innen nicht zu groß. Auf diese Weise werden alle Paare zusammengestellt.
Die Schüler*innen erhalten einen Text und **lesen ihn gemeinsam laut.** Dabei fährt der Trainer den Text mit dem Finger nach und passt sich dem Lesetempo des Sportlers an. Bei Fehlern verbessert der Trainer den Sportler und unterstützt ihn. Hat der Sportler einen Fehler gemacht, wird der Satz erneut gelesen und das falsch gelesene Wort verbessert. Wenn der Sportler sich sicher fühlt, gibt er dem Trainer ein Zeichen und liest allein weiter – bis er erneut einen Fehler macht. Dann steigt der Trainer wieder mit ein, bis der Sportler allein weiterlesen möchte. **So wird der Text insgesamt mindestens viermal gelesen.** Dadurch prägen sich die Wörter besser ein und können später auch in anderen Texten leichter dekodiert werden. Durch das laute Lesen werden Fehler direkt sichtbar gemacht und können verbessert werden.
Ein besonders wichtiger Punkt ist das **Loben:** Hat der Sportler gut gelesen und seine Leistung verbessert, ist der Trainer angehalten, ihn zu loben.
Leserakete: Dies ist eine Lesehilfe für die Kinder. Wenn sie auf festeres Papier kopiert und ausgeschnitten wird, hilft sie dabei, in der Zeile zu bleiben und Wort für Wort zu lesen.

Anmerkung: Liebe Lehrkraft, wir möchten in unseren Materialien niemanden benachteiligen oder diskriminieren. Daher nutzen wir unter anderem das Gendersternchen, um alle Geschlechter anzusprechen. In Texten für Schüler*innen verzichten wir jedoch aus Gründen der besseren Lesbarkeit darauf und nutzen weiterhin entweder die „neutrale“ Form oder Doppelformen. Selbstverständlich sind stets alle Geschlechter gemeint.

Lesepass

✂ Schneide die Seiten aus und hefte sie hintereinander.

Name: ______________________

15 Minuten gelesen am	gelesen mit / Unterschrift

15 Minuten gelesen am	gelesen mit / Unterschrift

15 Minuten gelesen am	gelesen mit / Unterschrift

TANDEMLESEN

- Bildet Lesetandems: Ein Kind ist der Trainer oder die Trainerin, ein Kind der Sportler oder die Sportlerin.
- Lest euren Text gemeinsam halblaut. Der Trainer fährt dabei den Text mit seinem Finger nach. Er liest genauso schnell wie der Sportler.
- Der Trainer darf den Sportler verbessern und unterstützen.
- Wird ein Satz falsch gelesen, lest ihr ihn gemeinsam erneut.
- Fühlt der Sportler sich sicher, darf er ein Handzeichen geben. Der Trainer liest dann nur noch leise für sich mit. Sobald der Sportler einen Fehler macht, lest ihr beide wieder halblaut.
- Liest der Sportler gut, darf der Trainer ausgiebig loben!
- Lest den Text in der vorgegebenen Zeit so oft wie möglich.

Tipp: Unterstreicht falsch gelesene Wörter mit einem bunten Stift. So seht ihr, ob ihr beim nächsten Mal vielleicht schon richtig lest!

CHORISCHES LESEN

- Alle Kinder erhalten einen Lesetext.
- Euer Lehrer oder eure Lehrerin ist der Lesechef oder die Lesechefin.
- Auf ein Start-Signal geht es los: „Drei, zwei, eins!“
- Alle Kinder lesen den Text halblaut. Der Lesechef liest laut und gibt das Tempo vor.
- Ihr fahrt dabei den Text mit dem Finger nach.
- **Achtung:** Ihr dürft nur so laut lesen, dass ihr den Lesechef noch gut verstehen könnt!
- Gibt der Lesechef ein Stopp-Signal („Stopp!“), hören alle Kinder auf zu lesen. Dann wird der nächste Absatz gelesen, es wird umgeblättert oder ihr besprecht Wörter oder Sätze, die ihr nicht verstanden habt.

Die Luft

Wir können die Luft nicht sehen.
Aber sie ist immer da.
Luft besteht aus vielen winzig kleinen Teilchen.
Die Erde ist von einer Hülle aus Luft umgeben.
Ohne Luft gäbe es keine Menschen, Tiere und Pflanzen.

Wir alle brauchen die Luft zum Leben.
Wir atmen sie ein und wieder aus.
Auch im Wasser ist Luft.
Die Fische brauchen sie zum Leben.
Vögel und Flugzeuge nutzen die Luft zum Fliegen.

Wenn wir sprechen, werden die kleinen Teilchen
der Luft in Bewegung versetzt.
Es bilden sich Wellen.
Diese Wellen nennt man Schallwellen.

119 Wörter

Luftverschmutzung

Saubere Luft ist sehr wichtig für uns.
Ohne Luft gäbe es kein Leben auf der Erde.
Leider gehen viele Menschen nicht gut mit der Luft um.
Sie verschmutzen die Luft.

Aus Schornsteinen wird Dreck in die Luft gepustet.
Fabriken und Kraftwerke verschmutzen die Luft.
Autos und Busse pusten Abgase in die Luft.
Viele Menschen fahren kurze Strecken mit dem Auto.
Auch Flugzeuge und Eisenbahnen erzeugen Abgase,
die in die Luft gelangen.

Viele Bäume werden abgeholzt.
Dabei sind Bäume wichtig für die Luft.
Sie erzeugen den Sauerstoff, den wir zum Atmen brauchen.
Oft wird auch zu viel geheizt.
Beim Heizen mit Kohle, Öl, Gas und Holz
wird Sauerstoff verbraucht.
Wir müssen alle helfen, damit die Luft wieder sauberer wird.

Arbeitsblatt Leseverständnis: Luft

1. Woraus besteht Luft?

____

2. Warum ist Luft für Tiere, Menschen und Pflanzen wichtig?

____

____

3. Vögel und Flugzeuge nutzen die Luft zum

__________________ .

4. Bäume sind wichtig für die Luft! ☒ Sie erzeugen …

☐ Süßstoff.
☐ Sauerstoff.
☐ Wasserstoff.

5. Wodurch wird die Luft verschmutzt?

____

____

6. Was können wir tun, um die Luft sauber zu halten?

____

____

____

7. Ohne Luft gäbe es kein ______________ auf der Erde.

Feuer

Feuer ist warm und hell.
Es kann Dinge zum Leuchten bringen.
Feuer entsteht, wenn man zum Beispiel Holz,
Papier oder Streichhölzer anzündet.
Eine Flamme hat verschiedene Farben und wird sehr heiß.

Früher brauchten die Menschen das Feuer zum Kochen.
Heute mögen die Menschen Kerzen,
ein Feuer im Kamin oder ein Lagerfeuer.
Im Sommer entzünden viele Menschen
gern ein Feuer und grillen.

Wir müssen vorsichtig mit Feuer umgehen.
Feuer ist gefährlich. Man kann sich daran verbrennen.
Feuer kann Häuser, Gebäude und ganze Wälder zerstören.
Es kann sogar Stahl und Steine schmelzen.
Feuer kann Menschen, Tiere und Pflanzen töten.

Feuer hat zwei Seiten.
Es ist wichtig für uns, denn es spendet Licht und Wärme.
Feuer kann aber auch sehr gefährlich sein.

Der Mensch und das Feuer

130 Wörter

Feuer gibt es in der Natur.
Durch Blitzschläge oder Hitze entstehen
zum Beispiel Waldbrände.
Manchmal brechen sogar Vulkane aus.

Die ersten Menschen beobachteten das Feuer.
Sie sahen, wie es Wälder und Pflanzen zerstörte.
Sie merkten, dass Feuer gefährlich sein konnte.
Die Menschen entdeckten aber auch,
dass das Feuer Licht und Wärme spendete.
Außerdem konnten sie ihre Nahrung über dem Feuer braten.

Schon vor einer Million Jahren nutzten die Menschen das Feuer.
Sie holten es aus der Natur: Sie trugen die Glut vorsichtig mit sich.
Vielleicht nahmen sie dafür brennende Äste.
Wenn das Feuer oder die Glut erlosch, mussten sie warten,
bis in der Natur ein neues Feuer brannte.
Erst später entdeckten die Menschen,
dass sie Feuer selbst entfachen konnten.
Sie benutzten dafür Feuersteine oder Feuerbohrer.

Feuerstein

Feuerbohrer

Arbeitsblatt Leseverständnis: Feuer

1. Nenne Eigenschaften von Feuer.
   Wofür nutzen wir es?

2. Warum ist es wichtig, vorsichtig mit Feuer umzugehen?

3. Nenne die Gefahren von Feuer.

4. Wie entstehen Feuer in der Natur?

5. Wie nutzten die Menschen das Feuer
   vor einer Million Jahren?

6. ☒ Womit machten die Menschen früher Feuer?
   - ☐ mit Feuerstein und Feuerbohrer
   - ☐ mit Feuerhammer und Feuerwaage
   - ☐ mit Feuermuschel und Feuerschrauber

Das Sonnenlicht

78 Wörter

Die Sonne ist wichtig für uns.
Sie spendet Licht und Wärme.
Wenn die Sonne nicht mehr scheinen würde,
gäbe es bald kein Leben mehr auf der Erde.

Die Sonne erwärmt die Erde.
Ohne die Sonne würde es sehr kalt und dunkel.
Pflanzen könnten nicht mehr wachsen.
Sie würden absterben.

Viele Tiere fressen Pflanzen.
Ohne das Sonnenlicht hätten diese Tiere
bald keine Nahrung mehr.
Sie würden verhungern.
Wir Menschen könnten auch kein
Obst und Gemüse mehr anbauen.

Die Kraft der Sonne

157 Wörter

Ohne die Kraft der Sonne gäbe es kein Wetter.
Alle Wärme und alles Licht auf der Erde kommen von der Sonne.
Je senkrechter die Sonnenstrahlen auf die Erdoberfläche treffen,
desto intensiver wirken sie.
Am Äquator fallen sie fast senkrecht auf die Erdoberfläche.
Dort wird es besonders heiß.

Die Sonne sendet sowohl sichtbare Lichtstrahlen
als auch unsichtbare Wärmestrahlen aus.
Nur ein kleiner Teil der Strahlen erreicht die Erdoberfläche.
Dies ist auch gut so, denn sonst würde alles
auf der Erde verbrennen.

Die Wärmestrahlen erwärmen die Luft selbst nur wenig.
Erst wenn sie auf Boden, Gestein oder Wasser treffen,
entsteht Wärme. Denn der erwärmte Boden sendet nun
ebenfalls Wärmestrahlen aus. Die Lufttemperatur steigt.

Weniger als die Hälfte der Sonnenstrahlen erreicht
die Erdoberfläche. Viele Strahlen werden von Teilchen
der Atmosphäre abgelenkt oder zurückgeworfen.
Die Wolken werfen ebenfalls einen Teil der Strahlen zurück.
Die Luft wird also weniger von den Sonnenstrahlen erwärmt
als vielmehr von der Erdoberfläche.

Arbeitsblatt Leseverständnis: Sonne

1. Warum ist die Sonne wichtig für uns Menschen?

____

2. Warum ist die Sonne wichtig für die Tiere und Pflanzen auf der Erde?

____

3. Was würde passieren, wenn die Sonne nicht mehr scheinen würde?

____

____

4. Setze ein: **intensiver – Erdoberfläche – senkrechter**

Je ____________________ die Sonnenstrahlen

auf die ____________________ treffen,

desto ____________________ wirken sie.

5. Verbinde richtig.

sichtbare ○	○ Wärmestrahlen
unsichtbare ○	○ Lichtstrahlen

6. Was passiert, wenn die Wärmestrahlen der Sonne auf Boden, Gestein oder Wasser treffen?

____

Tag und Nacht

191 Wörter

Früher glaubten die Menschen, dass ein Sonnengott
jeden Tag mit einem goldenen Wagen
über den Himmel fahren würde.
Deshalb würde es Tag.
Abends würde der Sonnengott mit seinem Wagen
wieder verschwinden.
Dann würde es Nacht.
In der Vergangenheit glaubte man auch,
dass sich die Sonne um die Erde drehen würde.
Das stimmt aber nicht.

Heute wissen wir, dass sich die Erde um die Sonne dreht.
Die Erde dreht sich nicht nur um die Sonne,
sondern auch um sich selbst.
Dazu braucht sie 24 Stunden, also einen ganzen Tag.
Die Erde dreht sich um die eigene Erdachse.
So nennt man eine gedachte Linie zwischen Nordpol und Südpol.

Die Sonne geht nicht von allein auf und unter.
Wenn eine Hälfte der Erde von der Sonne beleuchtet wird,
liegt die andere Hälfte im Dunkeln.
Wenn bei uns Tag ist, beleuchtet die Sonne unsere Seite der Erde.
Wenn bei uns Nacht ist, beleuchtet die Sonne die andere Hälfte.
Am frühen Morgen dreht sich unsere Seite der Erde zur Sonne.
Die Sonne geht für uns auf.
Am Abend dreht sich unsere Erdhälfte von der Sonne weg.
Für uns geht die Sonne dann unter.

112 Wörter

Die Jahreszeiten

Weil die Erdachse geneigt ist, erreichen uns die Lichtstrahlen
und Wärmestrahlen der Sonne nicht immer gleich.
Die Erdachse ist eine gedachte Linie mitten durch die Erde,
vom Nordpol zum Südpol.

Jedes Mal, wenn sich die Erde in einem Jahr um die Sonne dreht,
treffen die Sonnenstrahlen einmal auf die nördliche
und einmal auf die südliche Erdhälfte.
Die Sonne bestrahlt rund ein Vierteljahr lang
mehr die nördliche Halbkugel. Dann ist bei uns Sommer.
Wenn die Sonne mehr die südliche Halbkugel bestrahlt,
ist bei uns Winter.

Im Frühling und im Herbst strahlt die Sonne
etwa gleich stark auf beide Hälften der Erde.
So entstehen die vier Jahreszeiten Frühling, Sommer,
Herbst und Winter.

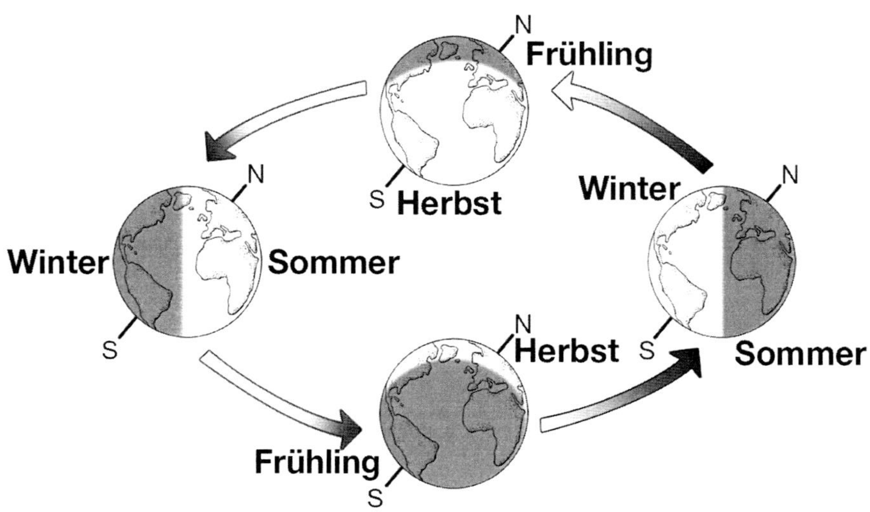

BVK • Alice Undorf: Lesetandems mit Sachtexten – Naturphänomene

Arbeitsblatt Leseverständnis: Tag und Nacht, Jahreszeiten

1. Was glaubten die Menschen früher über den Tag und die Nacht?

____

____

2. ☒ Wie lange dauert es, bis sich die Erde einmal um ihre eigene Achse dreht?

☐ 24 Stunden
☐ 1 Monat
☐ 365 Tage

3. Wenn eine Hälfte der Erde von der Sonne beleuchtet wird, liegt die andere Hälfte im ____________________ .

4. Warum erreichen uns die Lichtstrahlen und die Wärmestrahlen der Sonne nicht immer gleich stark?

____

5. ☒ Wie heißen die beiden Pole der Erde?

☐ Nordpol und Westpol
☐ Südpol und Ostpol
☐ Nordpol und Südpol

6. Wann ist bei uns Winter und warum?

____

7. Wann ist bei uns Sommer und warum?

____

156 Wörter

Wasser ist kostbar

Überall ist Wasser: Im Boden, in Pflanzen,
in Bächen und Flüssen, Seen und Meeren.
Auch die Körper der Tiere und der Menschen
bestehen zum größten Teil aus Wasser.

Wasser kann verschiedene Formen haben.
Wenn Wasser friert, wird es fest.
Es wird zu Eis.
Wenn Eis taut, wird es flüssig.
Es wird zu Wasser.
Wenn Wasser kocht, wird es gasförmig.
Es wird zu Dampf.

Für viele Menschen ist Wasser selbstverständlich.
Sie denken, es gäbe genug sauberes Trinkwasser.
Sie drehen den Wasserhahn auf und das Wasser läuft heraus.
Aber das ist nicht überall so einfach.
In manchen Ländern müssen Menschen kilometerweit gehen,
um Wasser aus Brunnen oder Flüssen zu holen.
Sie müssen das Wasser den ganzen Weg schleppen.
Das ist sehr anstrengend.

Oft verschmutzen Menschen das Wasser auch stark.
Das Wasser muss dann wieder gereinigt werden.
Diese Reinigung ist aufwändig.
Wir müssen sorgsam mit Wasser umgehen,
weil wir es zum Leben brauchen.
Wasser ist kostbar!

Arbeitsblatt Leseverständnis: Wasser

1. Wo finden wir überall Wasser?

____

____

2. ☒ Welche verschiedenen Formen kann Wasser annehmen?

☐ rund, gerade und eckig
☐ fest, flüssig und gasförmig
☐ rot, grün und blau

3. Was passiert, wenn Wasser friert?

____

4. Was passiert, wenn Wasser kocht?

____

5. Ordner richtig zu: **gasförmig – fest – flüssig**

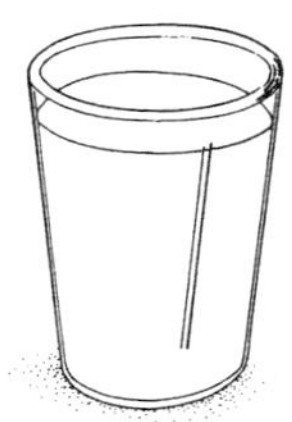

______________ ______________ ______________

6. Was müssen Menschen in einigen Ländern tun, um an Wasser zu gelangen?

____

7. Was bedeutet es, dass Wasser kostbar ist?

____

Der Wasserkreislauf

99 Wörter

Die Sonne erwärmt das Wasser in den Bächen,
Flüssen, Seen und Meeren.
Das Wasser verdunstet.
Jeden Tag steigen viele Millionen Liter Wasser in die Luft auf.
Der Wasserdampf steigt mit der warmen Luft auf.
Hoch oben wird es kälter und der Wasserdampf kühlt ab.
Es bilden sich Wassertröpfchen.
Diese können wir als Wolken sehen.
Die Wassertröpfchen der Wolken steigen höher und kühlen sich ab.
Einzelne Tröpfchen verschmelzen zu größeren Tröpfchen.
Sie werden schwerer und sinken herab.
Schließlich fallen sie als Regentropfen auf die Erde.
Das Regenwasser füllt die Bäche, Flüsse, Seen und Meere.
Der Kreislauf beginnt erneut.

Lückentext: Der Wasserkreislauf

1. Lies den Text.
2. Schreibe die richtigen Wörter auf die Linien.

Die Sonne ____________________ das Wasser in den Bächen,

Flüssen, Seen und ____________________ . Das Wasser verdunstet.

Jeden Tag steigen viele Millionen ______________ Wasser in die Luft

auf. Der ____________________ steigt mit der warmen Luft auf.

Hoch oben wird es kälter und der Wasserdampf ______________ ab.

Es bilden sich ______________________________ .

Diese können wir als Wolken sehen.

Die Wassertröpfchen der Wolken steigen höher und kühlen sich ab.

Einzelne Tröpfchen ____________________ zu größeren Tröpfchen.

Sie werden ____________________ und sinken herab.

Schließlich fallen sie als ______________________ auf die Erde.

Das Regenwasser füllt die Bäche, Flüsse, Seen und Meere.

Der ____________________ beginnt erneut.

Liter – Regentropfen – erwärmt – Wassertröpfchen – schwerer – Wasserdampf – kühlt – Meeren – Kreislauf – verschmelzen

Wetter

173 Wörter

Das Wetter zeigt sich uns von verschiedenen Seiten:
Sonne, Hitze, Regen, Nebel, Wolken oder Schnee.
Es beeinflusst, wie wir uns fühlen, was wir anziehen
und was wir in unserer Freizeit tun.
Es wirkt sich aber auch auf die Natur aus.
Vom Wetter hängt es ab, was auf den Feldern wächst
und ob Blumen und Bäume wachsen können.

Als „Wetter“ bezeichnet man nur die Lufterscheinungen,
die sich innerhalb eines Tages ergeben.
Wenn es sich um das Wetter während Wochen oder während
eines Monats handelt, spricht man von der „Witterung“.
Wettererscheinungen, die man über mehrere Jahre
in bestimmten Gebieten beobachten kann, nennt man „Klima“.

Die Wissenschaft über das Wetter heißt „Meteorologie“.
Man nennt sie auch „Wetterkunde“.
Überall auf der Welt gibt es Wetterdienste.
Dort arbeiten Meteorologen.
Sie beobachten das Wetter.

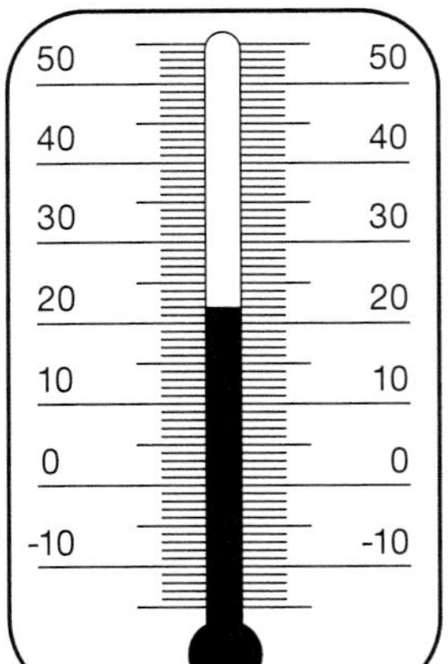

Mit einem Thermometer misst man,
wie warm oder kalt es ist.
Das Thermometer zeigt uns die Temperatur an.
Jeder Strich auf dem Thermometer ist ein Grad.
In Europa wird dafür die Celsius-Skala verwendet.
Wenn es 22 Grad Celsius warm ist, schreibt man 22 °C.

Arbeitsblatt Leseverständnis: Wetter

1. Was versteht man unter Wetter?

____

2. Nenne den Unterschied zwischen Wetter und Witterung.

____

____

3. Welchen Einfluss hat das Wetter auf die Natur und auf uns Menschen?

____

____

4. ⊠ Wie nennt man die Wissenschaft über das Wetter?
Tipp: Es stimmen zwei Antworten.

- ☐ Radiologie
- ☐ Wettermodell
- ☐ Meteorologie
- ☐ Wetterkunde

5. Was machen Meteorologen?

____

6. ⊠ Womit misst man die Temperatur?

- ☐ mit einem Teleskop
- ☐ mit einem Thermometer
- ☐ mit einem Parameter

Niederschläge

127 Wörter

Es gibt verschiedene Niederschläge:
Regen, Schnee, Graupel, Nebel, Hagel und Tau.

Wenn sich die Wassertröpfchen der Wolken miteinander verbinden,
werden sie größer und schwerer.
Sie fallen als Regen auf die Erde.

Wenn Wassertröpfchen in den Wolken gefrieren,
entstehen Eiskristalle.
Aus den Eiskristallen werden Schneeflocken.
Dann gibt es Schnee.

Wenn Regentropfen beim Fallen gefrieren
oder Schneeflocken auftauen und wieder gefrieren,
entstehen harte Eiskügelchen.
Diese nennt man Graupel.

Wenn sich die warme und feuchte bodennahe Luft abkühlt,
verwandelt sich der Wasserdampf zu winzigen Tröpfchen.
Es bildet sich Nebel.

Hagel entsteht in mehreren Phasen.
Zuerst gefrieren Wassertröpfchen zu Eis.
Neue Wassertröpfchen lagern sich an und gefrieren auch.
So werden die Hagelkörner immer größer und schwerer.

Tau entsteht, wenn die Luft nachts abkühlt
und der Wasserdampf wieder zu Wassertropfen wird.

Lückentext: Niederschläge

1. Lies den Text.
2. Schreibe die richtigen Wörter auf die Linien.

Wenn sich die Wassertröpfchen der ______________ miteinander verbinden, werden sie größer und schwerer. Sie fallen als ______________ auf die Erde. Wenn Wassertröpfchen in den Wolken ______________ , entstehen Eiskristalle. Aus den Eiskristallen werden Schneeflocken. Es gibt ______________ . Wenn Regentropfen beim Fallen gefrieren, entstehen harte ______________ . Diese nennt man Graupel. Wenn sich die ______________ und feuchte bodennahe Luft abkühlt, verwandelt sich der Wasserdampf zu winzigen Tröpfchen. Es bildet sich ______________ . ______________ entsteht in mehreren Phasen: Wassertröpfchen gefrieren zu Eis. Neue Wassertröpfchen lagern sich an und gefrieren auch. So werden die Hagelkörner immer größer und ______________ . Tau entsteht, wenn die Luft nachts abkühlt und der ______________ wieder zu Wassertropfen wird.

Wasserdampf – schwerer – Nebel – Regen – Eiskügelchen – warme – Schnee – Hagel – gefrieren – Wolken

3. Nenne die verschiedenen Arten von Niederschlägen:

____

Der Wind

142 Wörter

Die Sonnenstrahlen erwärmen die Erdoberfläche.
Landflächen erwärmen sich schneller als das Wasser.
Da warme Luft leichter ist als kalte Luft,
steigt die warme Luft vom Festland nach oben.
Kühlere Meeresluft strömt nach.
So entsteht eine Luftbewegung, der Wind.

Wind weht Wolken heran und lässt Blätter fliegen.
Er treibt auch Schiffe auf dem Wasser an.
Starker Wind kann sogar Bäume entwurzeln
oder Dachziegel herunterfallen lassen.
Als Orkan, Taifun, Hurrikan oder Tornado kann Wind
gefährlich werden und großen Schaden anrichten.
Die Stärke des Windes kann man messen.
Dafür nutzt man eine Skala mit 12 Stufen.

Der Wind wird nach der Himmelsrichtung benannt, aus der er weht.
Wind aus Richtung Westen nennt man zum Beispiel Westwind.
Die Windrichtung beeinflusst auch das Wetter.
In Nordamerika erzeugt ein Nordwind zum Beispiel kaltes Wetter.
Mit einer Windfahne kann man herausfinden,
aus welcher Himmelsrichtung der Wind weht.

Tornado

Der Tornado ist ein nordamerikanischer Wirbelsturm.
Er entsteht in der warmen Jahreszeit über dem Festland.
Unter einer Gewitterwolke steigt die warme Luft
in einer Spirale nach oben.
Die Drehbewegungen werden immer schneller und enger.

An der Unterseite der Wolke sieht man eine Art Schlauch.
Er senkt sich wie der Rüssel eines Elefanten auf die Erde.
Der „Rüssel" besteht aus Wassertropfen und Staub.
Sobald der rasende Luftschlauch den Boden berührt,
hebt er alles in seiner Nähe hoch.

Der Tornado kann Autos oder Häuser
über mehrere Kilometer mit sich tragen.
Erst wenn der Sturm schwächer wird,
lässt der Tornado alles wieder fallen.

Ein Tornado kann im Inneren Windgeschwindigkeiten
von mehr als 500 Stundenkilometern erreichen.
Er hat einen Durchmesser von einigen hundert Metern.
Tornados können Gebäude und ganze Städte zerstören.

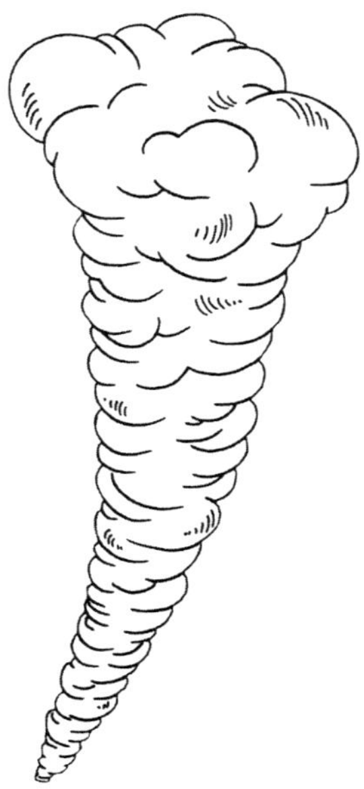

Arbeitsblatt Leseverständnis: Wind und Tornado

1. Wie entsteht Wind?

2. Wie misst man die Stärke des Windes?

3. Was ist eine Windfahne?

4. Warum kann starker Wind gefährlich sein?

5. ☒ Wie nennt man einen nordamerikanischen Wirbelsturm?
   - ☐ Tenor
   - ☐ Tsunami
   - ☐ Tornado

6. Wie entsteht ein Wirbelsturm?

7. ☒ .Welche Geschwindigkeit kann ein Tornado im Inneren erreichen?
   - ☐ 500 Stundenkilometer
   - ☐ 50 Stundenkilometer
   - ☐ 5 000 Stundenkilometer

Das Gewitter

Im Sommer gibt es oft Wärmegewitter.
Unter den Gewitterwolken ist die Luft sehr warm.
Darüber ist sie sehr kühl.
Diese unterschiedlichen Temperaturen führen zu Spannungen.
Die Wolken laden sich elektrisch auf.

Wenn die Spannung zu groß wird,
springen Funken von einem Teil der Wolke zum anderen.
Es blitzt. Der Blitz ist sehr heiß.
Er kann bis zu 30 000 °C heiß werden.
Durch die hohe Temperatur dehnt sich die Luft ganz schnell aus.
Es gibt einen lauten Knall. Es donnert.

Blitze treffen meistens hohe Punkte auf der Erde,
zum Beispiel Bäume oder Türme.
Dabei sucht sich der Blitz den kürzesten Weg zur Erde.
Er erreicht in Zackenlinien den Boden.
Unsere Häuser sind oft durch einen Blitzableiter geschützt.
Auch im Auto ist man bei Gewitter sicher.

Arbeitsblatt Leseverständnis: Gewitter

⊠ Wann gibt es häufig Gewitter?

☐ im Winter
☐ im Sommer
☐ im Herbst

2. Welche Temperatur hat die Luft unter den Gewitterwolken?

____

3. Wie ist die Luft über den Gewitterwolken?

____

4. Bei einem Gewitter laden sich die Wolken

______________ auf.

5. Wie entsteht ein Blitz?

____

6. ⊠ Wie heiß wird ein Blitz?

☐ bis zu 30 000 °C
☐ etwa 7 000 °C
☐ rund 120 000 °C

7. Warum donnert es?

____

8. ⊠ Häuser sind durch einen … geschützt.

☐ Blitzumdreher
☐ Blitzableiter
☐ Blitzentferner

Der Regenbogen

Nach einem kräftigen Regen sehen wir
häufig einen Regenbogen am Himmel.
Wie kommt es dazu?

Das Sonnenlicht gilt als „weißes" Licht.
Es erscheint uns farblos.
Das Sonnenlicht enthält aber alle Farben,
die man im Regenbogen sieht.
Das Licht setzt sich aus mehreren Farben zusammen:
Es ist ein Gemisch aus Rot, Orange, Gelb, Grün, Blau und Violett.
Diese Farben nennt man auch „Spektralfarben".

Eine einzelne Farbe wird für uns erst sichtbar,
wenn die Sonnenstrahlen gebrochen werden.
Das passiert zum Beispiel durch Wassertröpfchen
und Staubteilchen, die in der Luft schweben.
Das Licht wird in seine Bestandteile gespalten.
So entsteht der bunte Bogen, den wir „Regenbogen" nennen.

Ein Regenbogen ist besonders deutlich zu sehen,
wenn es zuvor stark geregnet hat.
Dann besteht der Regen aus sehr großen Regentropfen.
Sie brechen die weißen Sonnenstrahlen
und verteilen das Licht am besten.

Arbeitsblatt Leseverständnis: Regenbogen

1. ☒ Was sehen wir nach einem Regenschauer häufig am Himmel?

   ☐ eine Regenkurve

   ☐ einen Regenbogen

   ☐ eine Regenschleife

2. Aus welchen Farben setzt sich das Sonnenlicht zusammen? Wie nennt man diese Farben?

   ____

   ____

3. Wie entsteht ein Regenbogen?

   ____

   ____

4. Welche Rolle spielen Wassertröpfchen und Staubteilchen bei der Bildung eines Regenbogens?

   ____

   ____

5. Wann ist ein Regenbogen besonders gut zu sehen?

   ____

6. Male den Regenbogen in den richtigen Farben an.

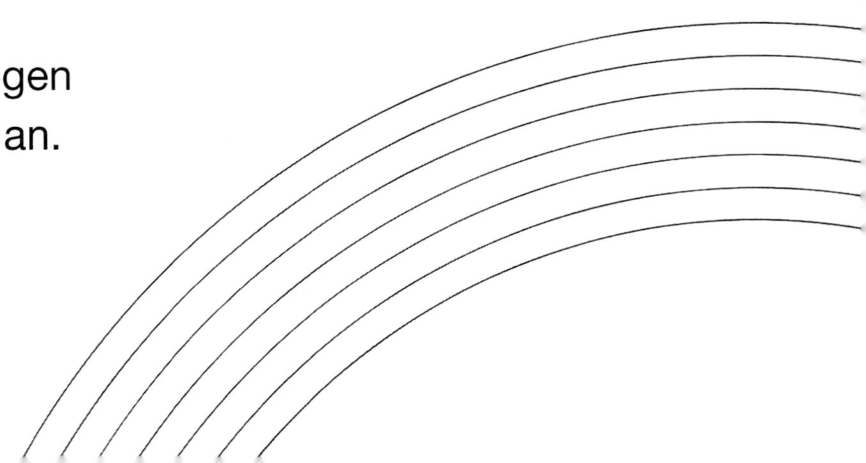